「秋田のターシャ」と呼ばれて

佐々木利子

主婦と生活社

ここは
意志を持たないと
辿り着けない
隠れた花園

春、夏、秋、冬。季節の移り変わりとともに表情を変える「Time」の庭。それぞれの花が競うことなく、自由にのびやかに咲いている。

思いがけない場所に
落ちた種が
一所懸命に美しい花を
つけているのを見ると
「誰にでも輝ける場所がある。
私はここで、自分なりに
頑張ればいいんだ」
と、思えるのです。

「今日は元気？」「今年もまた咲いてくれたのね」ひとつひとつの花と会話しながらの庭仕事。人間には決して出せない色、心安らぐ香り。ほんの些細な変化すら心が躍る。

駆け抜けるような日々、心落ち着くのは朝と夕暮れ。お客さまを待ちながら、テーブルセッティングをしたり、おもてなしに飾る花を摘んだり。忙しいながらも庭をひとり占めできる、ぜいたくなひととき。

庭って一瞬たりとも同じ顔がない。
どの季節も好きだし、どの花も好き。
花がらも、雑草も庭の一部。
全体としてきれいに
見えるように整えている。

梅雨明け間もない7月の庭。短い秋田の夏を惜しむように鳴く蝉の声。したたるような緑に、涼しげなアジサイの青が冴えて。

古い納屋をエメラルドグリーンに、窓枠は白くペイント。ペンキ塗りは大好きな作業。

4歳と2歳の孫にとって庭は格好の遊び場。植物や昆虫に触れ、感性豊かに育ってほしいと願う。

上／細い路地の奥にふと現れるガーデンカフェ「Time」の入り口。下／普通の靴がないくらい、長靴が大好き。長靴を履いていると、なぜか落ち着く。

頑張ったら、頑張っただけ
応えてくれる。
嘘つかないよね、植物は。

鳥海山《ちょうかいさん》の麓、伏流水が湧き出る
豊かな地域に生まれ育った。
ここは意志を持って来ないと
辿り着かない場所。だからいい。

なだらかな稜線の鳥海山。清らかに流れる水。そして日本海……子どもの頃から、当たり前のように見ていた景色。それがどんなに尊いものか。ここに生まれて、ここに育って、よかった。

Garden
Café
Time

Garden Café Time

ガーデンカフェ・タイム

ガーデンカフェ「Ｔｉｍｅ」があるのは
鳥海山の麓に千年続く小さな集落・大竹。
車が２台すれ違えない、細い細い路地の奥。

いにしえの鳥海山から飛んできた噴石を積み、並べ
季節を通じて、約５００種もの花が咲き誇る。
花の香りと心地よい風を感じながら
山の畑の野菜やハーブの料理をゆったりと味わう――。

いつしか、誰からともなく呼ぶようになった
「秋田のターシャの庭」。
なぜか訪れる人の心を癒す、不思議な場所です。

目次

「秋田のターシャ」と呼ばれて

定休日

思いが強ければ願いは叶う

利子さんが、自分にプレゼントした大好きなバラ「フランボワーズ・バニーユ」。6月のバラのシーズンには、庭の入り口で、訪れる人をやさしく出迎えてくれる。

秋田のターシャと呼ばれて

東京駅から秋田新幹線で4時間。特急いなほで1時間の象潟《きさかた》駅から、さらに車で15分。バスも電車も通らない小さな集落にひっそりあるガーデンカフェ「Ｔｉｍｅ」。行くぞ！と強い意志を持たないと辿り着けない場所ながら、全国から訪れる人が絶えない名物庭園です。

もとは荒れ果てた竹藪。ひとりで開墾し、美しく生まれ変わらせたのがオーナーの佐々木利子さん。夢を叶える不屈の精神と花を愛し育てるグリーンフィンガーを持ち、訪れる人の心を解きほぐす飾り気のない人柄。いつしか「秋田のターシャ」と呼ばれるようになりました。

けれど、その強さと明るさの裏には厳しい人生の試練がありました。

自分が生きるためにつくった庭

結婚して2人の娘をもうけ、仕事と家事に明け暮れる平凡で穏やかな日々を過ごしていた利子さん。最初の試練が襲ったのは46歳のとき。最愛の父が病に倒れ、1年の闘病の後に亡くなったのです。

「1年間、毎日、病院に行って、会社に行って、うちのことをして。3時間も眠れなかったけれど、病と闘っている父からエネルギーをもらって、どうにか持ちこたえていたのね。でも、亡くなったことで、緊張の糸がプツンと切れて、会社にも行けなくなってしまった」

利子さんを励ましたのは、3歳下の妹でした。ともに花が好きで料理が好き。いつか実家の裏庭に小さなガーデンカフェを開き、自分たちの育てた花を見てもらい、つくった料理を食べてもらいたい……。夢の実現に向けて、利子さんが会社を辞めた矢先。父の一周忌直後に、その妹と母が相次いで病に倒れ、1年後に亡くなるという再びの試練が。

「たったひとり、置いていかれてしまった……。そんな行き場のない気持ちに打ちのめされた。悲しい。寂しい。辛い。ただただ苦しかった」

半分、鬱《うつ》にもなった彼女を突き動かしたのは、生前の妹との約束です。

「妹は本当に前向きに頑張ったけれど、3人の幼い子どもを残して逝かなければいけなかった。その気持ちを考えると、決して無駄には生きられないと思ったの。私の命もいつまであるかわからない。だったらやらないで後悔するよりも、やって後悔したほうがいい。妹のためにも、約束を果たさなければ」

その日から、妹が治ったときのためにと少しずつ進めていたガーデンカフェづくりに、たったひとりで挑む日々が始まりました。

たったひとりで竹藪を開墾

利子さんが妹と約束したガーデンカフェをつくろうとしたのは、母屋の裏庭。冬の北風を防ぐために先祖が植えた竹が鬱蒼《うっそう》と茂り、長い間に打ち捨てられた草木などがはびこる、荒れ果てた場所でした。

「ご先祖が残してくれたこの場所で、自分の力で、自分のやり方でやらないと意味がない。人が来るかとか、自分にできるのかもわからない。ひたすら頑張っていればなんとかなる、としか思えなかった」

業者も頼まず、たったひとりで混み合っていた竹を一本一本手で切り、頑固な根っこを掘って。見かねた親戚の男性が、チェーンソーで切ってくれたこともありました。竹藪の中、大きな根っこを必死に運ぶ様子に

「なんでもすぐだば（すぐには）できねもんだ。んども（でも）、諦めないでやれば必ずできる」と励まされました。

竹と一緒に庭づくりを拒んだのは、鳥海山大噴火によって飛んできた「ただならない数」の巨大な噴石です。一度だけ小さな重機を頼み、掘っても掘っても出てくる石を手で運ぶ毎日。「鳥海山からの贈り物だから、一個も無駄にしたくない」と、石を小道や塀づくりに利用。過酷な状況にめげることなく「この庭の自慢は、石と私の馬鹿力。少し赤茶けたこの色は、イギリスのコッツウォルズのハニーストーンに似てるでしょ」と明るく笑います。

妹と母の死から半年。なんとか手づくりのガーデンカフェをオープン。「花も人の命も永遠ではない。人生には必ず終わりがあり、すぐか先のことか誰にもわからない。だからこそ、いまという時間が大切」との思いを込め、「Ｔｉｍｅ」と命名。利子さん48歳の春でした。

畑にも花を植えた

「ここらへんの人は、お金になるものを植えるのが当たり前。私が花を植えるのを見て、食糧難に育った母にも生前『花いっぺ（いっぱい）あっても、腹いっぺにならね』って言われたしね。でも、『生きるために食べるものは大切だけど､心のバランスには花やガーデンが必要』と言ってくれる人もいる。そういう人がいる限り、花を育て続けたい」

その頃、利子さんにはもうひとつ、気になる場所がありました。父がかつて丹精込めて耕していた山の畑が放置され、仮置きした大量の竹の根につる草がはびこり放題になっていたのです。

「あるとき、同じ大竹に住む人に、手入れをしてないことを指摘されたの。山の畑が荒れ放題になっていたことは自分でもわかっていたから、痛いところを指摘されて、すごくショックで…これはやんなかね（やらなくちゃ）」

大量の竹の根を少しずつ燃やし、荒れ果てた畑を耕して野菜やいちじくの苗を植え、カフェで使う野菜やハーブを収穫。ガードレールにはつるバラをはわせ、斜面には宿根草の苗を植え、いままでは通る人を楽しませる第二のガーデンとして、「いずれは福島の花の名所『花見山』みたいにしたい」と夢も持つほどになりました。

「その人は、その様子を見てたんでしょうね。私には直接言わないけれど、うちの旦那にぽつっと『花って、いいもんだな』って言ったたって。私は村の人とまったく違うことをしてるけど、ちょっと認めてもらえたのかなって、素直にうれしかった」

a～e／見上げるような杉林に囲まれ、季節の野菜やいちじくなどの果樹と花々が育つ第二のガーデン、山の畑。幼い孫にとっては、思いきり走ったり、野菜を収穫したり、生き物と遊べるワンダーランド。

a.

b.

c.

d.

f.

e.

g.

h.

f／昔からあるトゲトゲの柚子。g／採りたての蕗は、先端を折ってピューッと下に引っ張るだけで、簡単に皮がむける。h／パッチワークのような納屋は、義兄の手づくり。

転機となったフランス農家民泊研修

ガーデンカフェをオープンして3か月、利子さんに大きな転機が訪れます。県の派遣でヨーロッパへ研修に行くことになったのです。

「日本では、農業は難儀（苦労）してするもんだけど、向こうでは、すごく楽しそうなの。夕方5時までは働くけど、それからは家族の時間。それも驚きだった」

特に印象に残っているのは、フランスの片田舎にある農家民宿。

「そこは、家も何も全部石でできていて、すべてがオーナーさんの手づくりだったの。日本は大工なら大工、左官なら左官だけど、全部自分でやってる。決してセンスがいいとかじゃないし、パリからも野を越え、山を越えで、すごく遠い。でも、フランスの農家民宿では10本の指に入るっていうのね。そのオーナーさんは50代前半のかっこいい女性で、その様子を見てすごい勇気をもらった。『上手下手、遅い早いはあるけど、諦めないでやれば何だってできるし、魅力のあるところには、人は何しても行く。条件じゃない、やり方なんだ』って。石なら、うちにもいっぱいあるしね（笑）」

テーブルセッティングや花の飾り方など、見るもの聞くものすべてが勉強。特に衝撃を受けたのはプリンの美味しさです。

「大きなホールごとプリンを出してくれたのね。砂糖と牛乳と卵しか使ってないんだけど、人生で一番美味しいプリンだった。帰ってから、なんとかあの味が出ないかと試行錯誤して。いまは食べた人がみんな絶品って言ってくれるの」。卵と牛乳と砂糖しか入っていない素朴でやさしい味のプリンは、いまでは「Ｔｉｍｅ」の名物です。

ヨーロッパ研修から帰国した利子さんは、よりいっそう力強く庭づくりに邁進《まいしん》しました。支えとなったのは妹との約束と、「人を動かすのは思いだけ。思いが強ければ、必ず願いは叶う」という信念にも似た篤《あつ》い思いでした。

花を株分けし、種をまき、球根を植え、小さな木の苗を植えて、庭の花をさらに充実。必死に働く姿を見て、最初は反対していた夫も山の畑から重い石を運んでくれたり、娘婿がセメントを練ってくれるように。ふたりの協力のもと、長い石塀や庭の中心となるサークルが完成。庭を見晴らす場所には、自らデザインを起こした木づくりのコテージ「タイムの家」も建ちました。

無我夢中で、自分が生きるためにゼロから手づくりしたイングリッシュガーデン。命の尊さから始まったここは、訪れる人を癒す場所として、口コミで少しずつファンを増やしていきました。

集落の入り口にある小さな花壇。空き地だったわずかなスペースに利子さんが庭の花を株分けして、手入れをしている。いまではこの集落への美しい目印に。

早春から夏

秋田の長い冬を終え、地面から命が湧き出してくる早春。日差しの強さとともに、緑と花の色も鮮やかに色濃く変わって。やがて初夏。バラが咲き誇り、色が溢れる、一年で最も華やかな季節が訪れます。

April

4月

球根類が
咲き乱れ
春の訪れを喜ぶ

真っ白な冬の世界から、
色とりどりの花が咲き、
庭は一気にカラフルに。
待って、待って、待って、
やっと訪れる輝きの季節。
今年もまた咲いてくれて、
本当にありがとう。

裏庭へ向かう坂の途中に立つのは、20年前に苗で植えたソメイヨシノ。春の花に始まり、初夏の緑陰、秋の紅葉まで、一年を通して楽しませてくれる。

右下／1000球以上植えてあるスイセン。花が開くと、春の香りがガーデンに満ちる。下／チューリップは、色も形もとりどりの30品種以上。好きな品種は毎年球根を足して数を増やしている。

白い額縁形の枠があるプランターに、ビオラやマーガレットを絵画風に植えて。

ムスカリ、スイセン、チューリップ、ヒヤシンスと、次々咲く球根花が早春の庭の主役。

植物が一斉に芽吹いて花開く、心躍る春の庭。

4月の 庭の手入れ

害虫の動きも活発化。巣や幼虫を見つけたら、即座に退治。

春のエネルギーをもらって、利子さんの庭仕事も本格化。パワー全開で、秋に収穫しておいた一年草の種まきに始まり、一年草の苗の植え込みに取りかかります。次々と咲く花を追うように、花がら摘みも欠かせない日課。待ちかねたお客さまを迎える寄せ植えづくりなどの準備も怠りません。

上／母屋の脇にある苗床を耕し、種まきのベッドづくり。
下／ふかふかになった土に、タチアオイ、ジニア、オダマキの種をまき、芽吹きを待つ。

4月の 山の畑

とけ出した雪の間から気の早い福寿草が顔を出し、それを追うように香りのいいニホンスイセンがつぼみをほころばせる早春の畑。ふきのとうやわらび、たらの芽や山椒など、早春の山の恵みもこの時期の楽しみのひとつ。アスパラガスや菜の花など、春ならではの食材も収穫のときを迎えます。

収穫しやすいよう、いちじくの枝は重石《おもし》をつけて下にたわめる。

植えっぱなしのアスパラガスが、ニョキニョキと芽を伸ばして。

厳しい冬を耐えた畑。早くも青々と茂るのは、いちごの葉。

上／畑にもとからあった山椒。新芽や実は、春の料理のアクセントに欠かせない。下／畑の脇に自然に生えている菜の花は、春のパスタの材料に。

花 案内

スイセンやムスカリ、チューリップ、ヒヤシンスとリレーのように次々と花開く可憐な球根植物の花。
春の訪れを告げる木々の花で庭は喜びに満ち溢れます。

チューリップ「アプリコットビューティー」

ピンクとオレンジを混ぜたようなやさしいアプリコットカラー、ふんわりとした一重の花びらで、利子さんが最も好きな品種。数が多いので、咲き終えたチューリップの球根は掘り上げず、株元に秋に同じ品種の球根を足す。

スイセン

上右／中央がピンク色のラッパスイセン「ピンクシルク」。上左／黄色い八重咲きの「フォンシフォン」。下右／純白が美しい「マウントフット」。下左／白に濃い黄色のカップの「オランジェリー」。

アネモネ

中央の大きな花芯が印象的で、花色もさまざまな球根植物。一重のものがポピュラーだが、ここでは、写真のような八重も栽培。紫や赤、ブルー、白など花色も豊富で、毎年植えっぱなしで花を咲かせてくれる。

ヒヤシンス

春の球根植物としておなじみのヒヤシンス。天然の芳香剤のように香り高く、ピンクのほか、紫、白、ブルーと花色も豊富。ボリュームのある姿は、春のガーデンに欠かせない。

ムスカリ

小さな紫色のぶどうのような花がキュート。とても丈夫で、植えっぱなしで毎年同じ場所に顔を出し、少しずつ増えていく球根植物。鮮やかな青紫色の花は、白やピンク、黄色などのほかの球根植物との相性もいい。

ハナニラ

星形のかわいい花を咲かせる球根植物。とても丈夫で、植えっぱなしにしておいてもたくさんの花を咲かせてくれる。白のほか、ピンクや紫、ブルーなどの種類もある。葉や球根を傷つけると、にらのような香りがする。

クリスマスローズ

半日陰で育ち、寒さにも強い宿根草。利子さんも大好きで、写真の八重のほか、一重や半八重、赤やピンク、スポットと呼ばれる模様入りなど多数を栽培。山の畑にも株分けして、クリスマスローズの丘をつくる計画も。

プルモナリア

鮮やかなブルーで、早春のガーデンを彩る宿根草。可憐な姿に似合わず、霜や凍結にもほとんど傷まず、ほかの花が少ない早春の貴重な存在。咲きながら葉も徐々に大きくなり、枯れてくる球根植物の葉の目隠しにも。

ユーフォルビア

約2000種あるユーフォルビアのなかでも、この「ポリクロマ」は、重なり合う葉が高さ40cmくらいまで伸びて、春から秋まで楽しませてくれる宿根草。象潟駅に向かう土手で野草化しているのを株分けしてきた。

ユキワリソウ

漢字で「雪割草」と書くように、雪解け直後の春一番、いち早く花を咲かせる宿根草。もともと日本に自生していた山野草で、丈夫で耐寒性が強く、花色や形がとても多彩。「Time」でも、年を追って大株になっている。

オンファロデス スターリーアイズ

寒さの残る早春から、白く縁取りされた澄んだブルーの小花を株いっぱい咲かせる。1cmにも満たない小さな花ひとつひとつに星のような模様が入る様子は、チャーミング。半日陰や日陰でもよく育ち、耐寒性も強い。

ヒマラヤユキノシタ

つやつやと厚い楕円形の大きな葉から、鮮やかなピンクの花の束を咲かせる宿根草。利子さんが昔から好きで、オープンした頃に植栽したものが、年を追うごとに大株化。早春になると、みごとな花を咲かせる。

フウチソウ

「風を知る草って書くけど、風が吹くたびにさわさわと揺れて、なんとも心地いいのよね」と利子さん。「タイムの家」のテラス下に1株だけ植えたものが大きく育ち、早春の黄緑から晩秋の黄葉まで楽しませてくれる。

クラブアップル

ターシャ・テューダーの庭で見て、同じものが欲しいと探した、こだわりの木。春の桃色の花、春から秋の銅葉、秋の果実と、多くの楽しみをもたらしてくれる。小さくて赤い姫りんごは収穫せず、鳥たちのご馳走に。

ジューンベリー

春の純白の花、初夏の赤くかわいい実、秋の紅葉、冬に葉を落とした美しい樹形、と一年を通して楽しめる花木。「タイムの家」の前に、シンボルツリーとして植栽。甘酸っぱい実は、ジャムやスイーツに利用する。

ヤマブキ

「昔から八重咲きの木があり、春に花が咲くと、母が太田道灌の和歌『七重八重　花は咲けども山吹の　実のひとつだになきぞ悲しき』と詠ってくれた」と利子さん。いまは、一重や立木性も加え、3種類が植わっている。

ユキヤナギ

しなやかな細い枝いっぱいに、真っ白な小花をつけ、まるで柳に雪が積もったように見えることから名づけられた落葉低木。繊細に見えてとても丈夫で、生育も非常に旺盛。「Time」にも大株がいくつもある。

レンギョウ

鮮やかな黄色の花で、春のガーデンを明るく彩ってくれる落葉低木。「タイムの家」に向かう坂の下、巨大な鳥海石の上にもともと植わっていた大株があり、春には桜のピンクとのコントラストがとても美しい。

May

5月

新緑の頃。
可憐な小花を
見つける

爽やかな緑をベースに色鮮やかな小花で庭が満ちる5月。心地よく頬をなでる風にきらめく色、心躍る香り。庭に身を置くだけで幸せを感じる、至福のとき。

上／ピンクと白のシフォンスカートを重ねたような姿が愛らしいオダマキ。右／シレネの薄紫色の花びらが、5月のまばゆい朝の光に透けて。

小さいながらも幾重にも花びらを重ねた姿がキュートなラナンキュラス・ゴールドコイン。

長い茎をすっくと立たせる紫色のアリウム・ギガンチウム。春の庭の格好のアクセント。

白や黄色の可憐な小花の茂みに、ウサギの子どもがかくれんぼ。

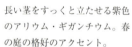

数多いバラの先陣を切って咲くモッコウバラ。「タイムの家」脇に1本植えた小さな苗が大きく育ち、5月になると屋根から溢れ出るように、みごとな花を咲かせる。

5月の 庭の手入れ

本格的なガーデンシーズンを迎え、利子さんの忙しさも加速。終わることのない草むしりと花がら摘みに加え、芽を出した一年草を、咲かせたい場所にまとめて植え替えることも。シュラブ・ローズの剪定や消毒など、バラのシーズン前のお手入れも欠かせない作業。来年に向けて、咲き終えた球根の掘り上げも忘れずに。

上／毎年、ガーデンの日陰に顔を出すスズラン。中／次々と咲くモッコウバラを、テーブルフラワーに。下／石の間で自然に増える多肉植物をミニ寄せ植えに。

花の盛りのジャーマンアイリスでお客さまをお出迎え。

庭とカフェの仕事で、坂道を一日に何度も往復。「毎日筋トレしてるみたい」

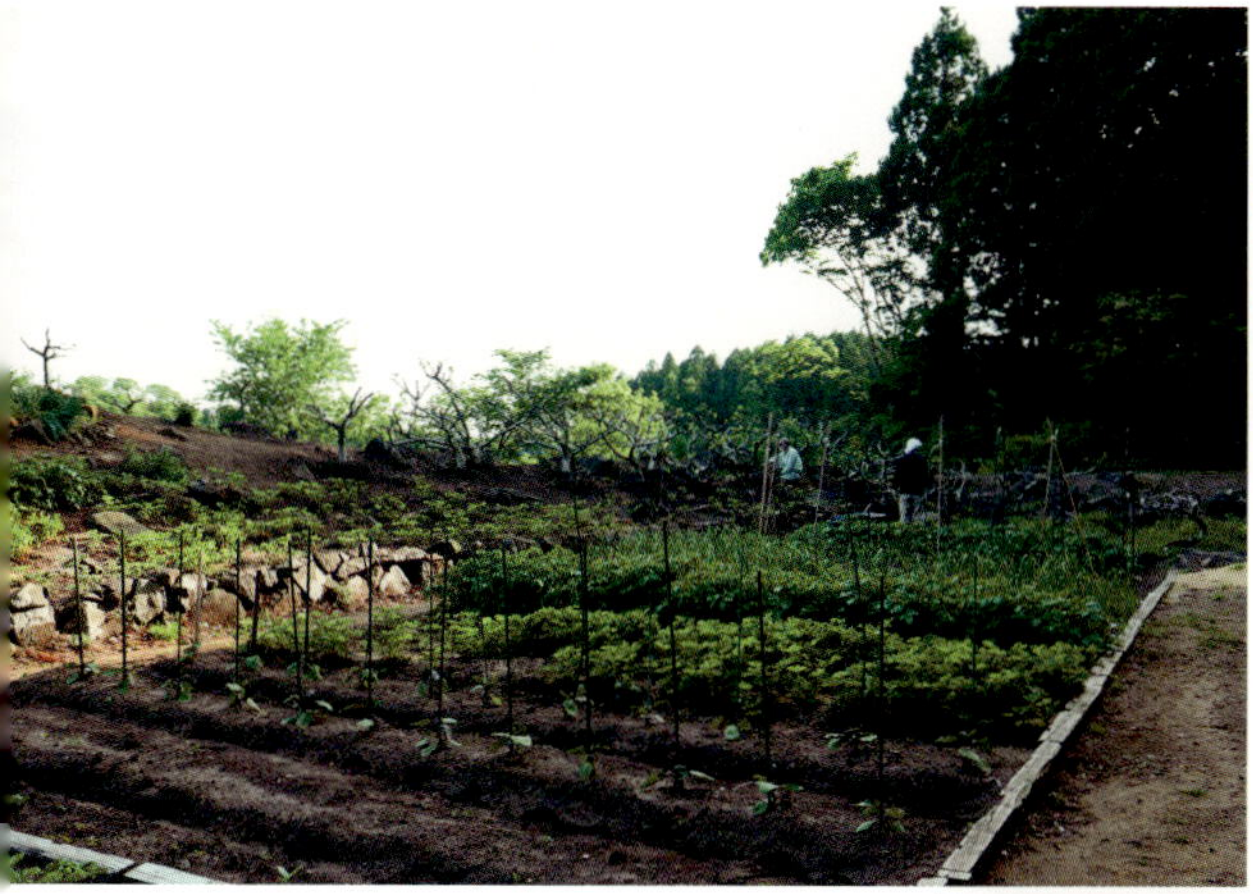

上／大きく育ったノイバラの枝先を剪定。左／なすなどの植えつけが終わった畑。にんじんやじゃがいもも順調に生育。下／利子さんの几帳面な夫が草取りしたいちじく畑。

収穫した蕗の束は、その場でむいた蕗の皮でひと結び。

5月の 山の畑

気候のいい5月の畑は、トマトやなす、ピーマンなど夏野菜の植えつけ最盛期。いちじくは、秋の実りに備えて、草むしりや摘果（早く実った小さな実を採り、秋の実を充実させること）に追われます。畑の隅に自然に生えている蕗も、収穫時期。「佃煮未満、煮物以上」の保存食をつくるのもこの時期の恒例行事です。

この時期に実るいちじくは大きくならず、木の栄養を奪うので、青いうちにもぎ採る。

花 案内

大好きなブルーを中心に
白やピンクをちりばめた
5月の庭。
どんな小さな花も
自分を生かしきって懸命に
咲く姿に心打たれます。

ネモフィラ

5月の空を映したような澄みきったブルーが美しい耐寒性一年草。雪にも負けず、こぼれ種で、春に毎年大きく茂って花を咲かせる。

アンチューサ

ワスレナグサに似た爽やかなブルーの花をスプレー状に咲かせる一年草。シルバーがかった葉も美しく、こぼれ種でもよく増える。

アジュガ

地面をはうように広がり、グラウンドカバーとしても楽しめる宿根草。暑さ寒さにも強く、日陰でもよく育ち、春には紫系の穂状の花を咲かせる。

プラティア

空色の小さな星形をした花が咲く耐寒性のある宿根草。旺盛に生育して、地面を覆うグラウンドカバーとしても活躍する。

セラスチウム

4～6月に直径1.5～2㎝の白い花をつける宿根草。シルバーの常緑の葉はグラウンドカバーとしても美しい。

ラナンキュラス・ゴールドカップ

つやつやと光沢のある黄色の花を、地面いっぱいに咲かせる宿根草。ランナーと呼ばれる匍匐茎《ほふくけい》を伸ばしてどんどん増える。

キャットミント

こんもり茂った株から青紫色の小花が穂状に咲き、丈夫で開花期間も長い。シナモンのような爽やかな香りがする。

クリンソウ

日本の湿地などに自生するサクラソウの仲間の宿根草で、五重塔などの先端（九輪）のように、花がつくところから名づけられた。「山形の玉川《ぎょくせん》寺《じ》で見たのがきれいで、求めたもの」

ギリア・トリコロール

黒紫色の花の中心が鳥の目のように見えることから、「バーズ・アイ」との英名を持つ一年草。繊細に見えるが、環境が合えばこぼれ種でも増える。繊細な切れ込みの入った葉もきれいで、花のない時期も楽しめる。

シレネ

ナデシコの仲間で、約300もの品種がある。ムシトリナデシコも、この仲間。とても丈夫でこぼれ種でよく増え、「Time」の庭でも、5月になるとあちこちで花を咲かせる。

ヒメフウロ

上／直径1.5cmほどの小さな花をよく見ると、5弁の淡いピンクに濃い紫色の筋が入った姿が、なんともチャーミング。下／ほかの花にはあまりない濃い赤紫色が大人っぽい雰囲気。ガーデンの引き締め役に。

クロバナフウロ

クレマチス

つる性植物の女王と呼ばれるほど人気が高く、バラのパートナー植物としても人気。品種も多彩で、写真のモンタナ系「エリザベス」は、淡いピンクの4弁の花びらがかわいい。

ゲラニウム（フウロソウ）

初夏から初秋にかけて、野に咲くように可憐な花を咲かせる、イングリッシュガーデンで人気の宿根草。園芸品種も非常に多く、「Time」でも写真の「エルク」など多数を栽培。

コデマリ

細くて柔らかな枝が見えなくなるほど、ボール状になった純白の花を多数つけて、見ごたえ抜群。写真は、八重咲きのヤエコデマリ。

真っ白な花が、大きなボールのように固まって咲く落葉低木。「咲き始めの緑から徐々に白くなるけど、最初の緑色の頃が一番好き」

オオデマリ

ガクアジサイによく似た花を咲かせる落葉低木。「庭をつくったら、ぜひ植えたい」と、オオデマリ、コデマリと一緒に苗で買ったものが、大株に成長。山の風情があり、秋に真っ赤な実がつく。

ヤブデマリ

ヒメウツギ

真っ白で可憐な花を、株全体を覆うように咲かせる落葉低木。丸くて小さなつぼみと、うつむいて咲く花の様子も愛らしい。とても丈夫で、病害虫の被害もほとんどなく、花つきもいい。

花径3～4cm程度の真っ白な花をつける落葉低木。花の形が梅に似ていることから名づけられたが、梅が花弁5枚に対し、バイカウツギは4枚。花が咲くと、甘く爽やかな香りが漂う。

バイカウツギ

シラー・カンパニュラータ

すっと立った茎に、小さなベルのような花が連なって咲く球根植物。耐寒性が強く、色は写真の青のほか、ピンクや白もある。「ヒヤシンソイデス」という名前で呼ばれることもある。

シラン

丈夫でとても育てやすく、ランの入門としても最適。大きな葉に、ラン特有の形をした赤紫色の花をつける。半日陰でもよく育ち、放任していても毎年増えて、群生する様子もきれい。

チョウジソウ

別名「ブルースター」といわれるように、直立した茎の先に、淡い青紫色の星形の花をたくさん咲かせる宿根草。チョウジソウの名の由来は、花を横から見ると「丁」の字に似ているから。

ムラサキツユクサ

青紫色の花弁と、中央の黄色い雄しべのコントラストが美しい。「Time」では、珍しい赤色の種類（下）も。とても丈夫で、種が飛んでよく増え、思いがけない場所に花が咲く。

ジャーマンアイリス

「レインボーフラワー」と呼ばれるほど、花色が豊富で華やかな雰囲気。「モネの庭でバラやシャクヤクと一緒に植えてあるのを見て好きになり、いろんな種類を集めています」

June

6月

バラやシャクヤク。絢爛豪華な花たちの饗宴

庭に多彩な色が溢れる、一年で最も華やかな季節。普段はあまり使わないピンクや赤も、この時期だけは庭の主役に。ガーリーでゴージャスな世界を思う存分に楽しむ。

「タイムの家」からガーデンに出るアーチには、小輪で花つきのいいバラ「花霞」をからませて。淡いピンクもかわいらしく、旺盛につるを伸ばして毎年アーチからこぼれるほどの花をつける。

上／色と形が変わる不思議なバラ「アルブレヒト・デューラー・ローズ」。左／「パレード」と「ウィリアム・モーリス」のアーチ。

上／シンボルツリーのゴールデンアカシアを背景に、ピンクと紫の世界が広がる。下／初夏の日差しを浴びて、華やかに花開くシャクヤク。

花盛りのバラを摘んで、
カフェのあしらいに。

納屋のエメラルドグリーンの壁に映える「レオナルド・ダ・ヴィンチ」。

お客さまが来る前にひと巡りして、花がらなどを掃除。

6月の 庭の手入れ

約100株あるバラの花がら摘みに追われるこのシーズン。常にハサミを持って、見つけたらこまめに取り除きます。梅雨どきに、最も大変なのが草むしり。旺盛に出てくる草も、雨あがりだと土がふかふかして抜きやすいので、わずかな時間も惜しまずに、仕事の合間の「ながら作業」で行います。

6月の 山の畑

恵みの雨と日ごとに強まる日差しで、一気ににぎやかになる6月の山の畑。にんにくやじゃがいもは収穫時期を迎え、なすも紫色の花をつけ始めました。厳しい冬を越したいちごは、収穫の最盛期。露地で寒さに当たり、甘味と酸味は濃厚。カフェで出すアイスクリームなどのスイーツに大活躍です。

上／自生する野蒜《のびる》。ピリッとした辛さが刺激的。中／若草色の新芽が吹き出したいちじく畑。下／収穫や植えつけなどの作業が目白押しの畑。

収穫が追いつかないほど採れるいちご。小粒だが、味と香りは抜群。

花
案内

ひときわ華やかに
シーズンを謳歌するバラ。
決して競うことなく
自らの個性を主張する花々。
それらすべてがとけ合って
美しい庭になります。

バラ
「フランボワーズ・バニーユ」

淡いピンクに、チェリーレッドの絞り模様が入ったバラは、利子さんが自らのバースデープレゼントに贈ったもの。個性的な花弁に加え、香りがいいのもお気に入り。丈夫で花もちがよく、トゲが少なく、扱いやすい。

バラ
「コンプリカータ」

5弁の花びらの一重咲きで、淡いローズ色から、咲き進むにつれて淡い桃色に変わる。中心は白に近く、黄色い雄しべ、ハート形の花びらもかわいらしい。園芸雑誌でひと目ぼれして、すぐにオーダーしたお気に入り。

バラ
「アンジェラ」

濃いピンク色、半八重カップ咲きの花が房咲きになり、ボリュームも満点。花もちがよく、次々とつぼみが開花し、きれいな状態が長続きする。つるもしなやかなので、アーチやオベリスク仕立てで栽培がしやすい。

エゴポディウム

和名は「斑《ふ》入《い》りイワミツバ」。明るい緑色にクリーム色の斑が入る葉が美しく、カラーリーフプランツとしても人気の宿根草。花も白いレースフラワーのようできれい。

コンボルブルス

ヒルガオによく似た、漏斗《ろうと》状の花を咲かせる宿根草。写真の「サバティウス」は、別名「ブルーカーペット」とも呼ばれ、とても丈夫で繁殖力が旺盛。つるが地面をはうように伸び、青い花が一面に咲く。

ゼニアオイ

すっと立った茎に、濃い赤紫の筋が入ったピンク色の花を咲かせる宿根草。野生化することもあるほど丈夫で、毎年大きく育ち、茎の下から上へと、順に次々と花を咲かせる。

まっすぐに伸びた50cmほどの花茎に、黄色い星形の花をびっしりとつけて咲く宿根草。とても丈夫で、半日陰でもよく育ち、地下茎で少しずつ株を増やしていく。

リシマキア・プンクタータ

ペンステモン

花色や性質など多様で、写真の「ハスカーレッド」は、濃い銅葉色の葉に、薄いピンクの釣り鐘状の花を房状に咲かせ、存在感も抜群。暑さ寒さ、乾燥や過湿にも強い宿根草。

名前の由来は、茎に粘着性のある部分があり、虫を捕えるイメージから。シレネの仲間で、鮮やかな赤紫が美しく、とても丈夫で川原などで自生しているのも見受けられる。

ムシトリナデシコ

ギレニア・トリフォリアータ

何本にも分かれた花茎の先に、真っ白な星形の花をたくさんつける宿根草。繊細で細い花弁の花が一斉に咲き、風になびく様子は、とてもやさしげ。秋には紅葉も楽しめる。

エリゲロン

小菊のような花が春から雪が降るまで次々と咲き、雪の降る前に地際でカットするだけ。「手間いらずで、賢いやつ」と利子さん。花色も白からピンクと微妙に色変わりしてきれい。

ニリンソウ

親戚の山に咲いていたのがきれいでわけてもらったあと、家の竹林にあるのを発見。早春の花だが、冷涼な利子さんの庭ではこの時期にも開花。「主張しないけれど、凜と咲く姿が好き」

オルレア

レースのような小さな花が固まって咲き、切れ目の入った繊細な葉も美しい。イングリッシュガーデンの定番花として、人気が高い。耐寒性が強く、一年草だが、こぼれ種でも増える。

コバノズイナ

白くて小さな花がブラシのように密集してつく落葉低木。成長しても高さ1mほどでコンパクトにまとまり、扱いやすい。半日陰でもよく花をつける。秋の紅葉もきれい。

ラムズイヤー

「仔羊の耳」という名の通り、白いふわふわの産毛が生えた柔らかな銀色の葉は、どんな花とも相性のよいガーデンの名脇役。6月頃には中心から花穂が出て、淡いピンク色の花も楽しめる。葉をドライにしてクラフトなどにも利用できる。

アストランティア

細い茎の先に、繊細な造形の花が咲く、イングリッシュガーデンで人気の宿根草。咲き始めは白に近く、徐々にピンクが濃くなり、途中でグリーンやラベンダーを帯びるなど、花色の微妙な変化も楽しめる。

ハナビシソウ

花の形が家紋の花菱に似ていることから名づけられた。細く立ち上げた茎の先に、つややかなオレンジ色の花を咲かせる一年草。花は日が当たると開き、暗くなると閉じる。英名は「カリフォルニア・ポピー」。

アリウム・モーリー

約700種もあるといわれるアリウムのなかでも、この「モーリー」は、高さ20～30㎝の茎の先に、小さくて色鮮やかな黄色い花を固まって咲かせる品種。秋植え球根で、植えっぱなしで毎年花が咲く。

カンパニュラ

ラテン語で「小さな鐘」と表されるように、風鈴のようにふっくらとした花の形とやさしい色合いで人気の宿根草。品種が非常に多く、写真の「ホタルブクロ」もこの仲間。

ジギタリス

草丈が1.5mほどにまで伸び、釣り鐘状の花が連なって咲く、イングリッシュガーデン定番の宿根草。別名「フォックスグローブ」というように、子ギツネの手がすっぽり入るような花の形が特徴的。全草に毒がある。

July

7月

緑が深まり、ハーブの香りに包まれる

花々と木々の緑の色がひときわ色濃くなる夏の庭。照りつける日差しは強いけれど、木陰や朝晩には心地よい風が吹く。花とハーブの香り、爽やかな緑の風に心が安らぐ。

「タイムの家」の窓から眺める庭の景色も、緑でむせ返るような夏の景色に変わって。

庭のなかで、高台にあるハーブガーデンは、7月もよく風が通り、日中も過ごしやすい日が続く。

初夏の心地よい陽気のもと、ラベンダーの爽やかな香りに誘われて、モンシロチョウが軽やかにランデブー。

上／ドライハーブは天然の芳香剤にも。下／ドクダミとオーデコロンミントをホワイトリカーに浸けてローション&虫よけスプレーづくり。

7月の庭の手入れ

勢いを増す花と緑、絶えることのないお客さまへの応対で、毎日大忙しの利子さん。「暑いときも、気持ちが集中していれば苦にならない」と、抜いても抜いても出てくる雑草と格闘。庭とカフェ仕事の合間を縫って、ドライフラワーづくりや、ドクダミの化粧水&虫よけスプレーづくりなどの手仕事にも精を出します。

アナベルやキョウカノコ、ラベンダーなどは花の盛りに刈り取ってドライにし、リースなどのクラフトに。

7月の 山の畑

上／今日の収穫物。香りがいいにんじんの葉はサラダなどに活用。下／元気に育つ野菜で、土が見えないほどの夏の山の畑。

なすやいんげん、にんじんと、収穫が追いつかないほどの実りをもたらす夏の畑。孫と収穫を楽しむために植えたかぼちゃやすいかも大きく育って、夏休みを待ちます。山の清涼な気候で元気に育ったラベンダーも、香り高いうちに収穫しなくては、と気持ちが急きます。

山の畑に植えたラベンダーは、香りや花姿などがそれぞれ異なる7種類。

花 案内

清涼感ある姿で夏の庭を彩るハーブの花。
強い日差しに負けない黄色や赤の
あでやかな花々。
短い秋田の夏を惜しむように
それぞれの命をたぎらせます。

ロシアンセージ

シルバーがかった葉に、涼しげな薄紫色の小花を穂状につける宿根草。暑さ寒さに強く、大株に育ち、花期も長い。葉や花には清涼感のある香りがあり、「葉をこすりつけると天然の虫よけ効果がある」と利子さん。

ラベンダー

爽やかな香りで人気のハーブ。利子さんは、ガーデンのほか、山の畑でも7種類のラベンダーを育てている。写真の白花の「美《み》郷雪《さとせっ》華《か》」は、10年くらい前から育てており、お菓子のような甘い香りがする。

バーベナ・ハスタータ

細い花茎の先に、鮮やかな花色の小さな花を穂状につけ、風になびく姿も爽やかな宿根草。ゆっくりと花穂を伸ばしながら下から順に開花していくので、長期間楽しめる。こぼれ種でもよく増え、乾燥にも強い。

モナルダ

和名を「タイマツバナ」といい、赤い炎がパッと咲いたような花姿で、「花火みたいだよね」と利子さん。赤だけ写真のように花が2段になったように咲く。ピンクや白もある。別名は「ベルガモット」。

セイヨウノコギリソウ

ヨーロッパから渡来し、葉がノコギリのように細かく裂けていることから名づけられた宿根草。英名は「ヤロウ」で、長い花茎を何本も次々と伸ばし、花径8㎜ほどの小花が固まって咲く。白花のほか、ピンクや赤もある。

ラズベリー

ルビーのように真っ赤で、甘酸っぱく香りのよい実をつける果樹。山の畑に1本植えたものが大きく育ち、畑仕事の合間ののどの渇きを潤してくれる。生でスイーツに添えたり、ジャムなどにも利用している。

アスチルベ

円錐形にふわふわとした花穂が伸び、イングリッシュガーデンでもおなじみの宿根草。花つきがよく、きわめて丈夫で、植えっぱなしで毎年花が咲く。「Time」では、ピンクと赤、白の3種類を植栽。

ギボウシ

白や黄色の斑が入った大きな葉で人気のカラーリーフ。日本では野生種も見られるが、海外でも大人気で品種改良が進み、葉の大きさや模様は多種多様。日陰でも丈夫で、夏には写真のように淡紫色や白の花をつける。

名前のように、初夏になると、花をつけたあとに煙のようにふわふわとした個性的な花穂をつける。見た目のユニークさだけでなく、暑さ寒さに強く、成長が早いのも人気。「Time」でも、写真の2本を植えてある。

スモークツリー

花径3～4㎝ほどの鮮やかな黄色の花を次々と開花させる宿根草。レースのように細かな切れ込みの入った葉も美しく、花のない時期も楽しめる。カモミールと名がつくが香りはなく、切り花やドライフラワーに利用。

ダイヤーズ・カモミール

ヘリオプシス・サンバースト

ヒマワリをひと回り小さくしたような花が咲き、「姫ヒマワリ」の名前でも親しまれている宿根草。白に緑色のくっきりした葉脈が美しく、花のない時期もカラーリーフとして楽しめる。

ペルシカリア

野草「タデ」の仲間で、とても丈夫。友人からもらった苗が大きく育ち、「Time」でも、初夏から11月まで、花火のような真っ赤な花穂を次々とつけ、ガーデンを長い間華やがせてくれる。

宿根フロックス

花茎の先に、花径2～3cm程度の花をこんもりと咲かせ、とても華やか。花が少ない真夏にもよく咲き、花後に切り戻すと、再び花をつける。利子さんも大好きな花で、写真の赤のほか、ピンク、紫、白、青なども栽培。

タチアオイ

一重や八重、花色がさまざまなタチアオイのなかでも、利子さんが特に気に入っているのが、この「クロタチアオイ」。ビロードのような黒紫色は、ほかの花ではあまり見られない色で、ガーデンの引き締め役に最適。

ルドベキア

ヒマワリを小さくしたような花形で、とても丈夫で厳しい暑さにも負けずに次々と花を咲かせる、まさに夏の花。グリーンが濃くなる夏のガーデンでも、輝くように鮮やかな黄色はパッと目を引く。

ヘメロカリス

細くしなやかな茎の先に、ユリのような花を咲かせる宿根草。「デイリリー」とも呼ばれるように、ひとつひとつの花は一日でしぼむが、1本の茎から10～30個のつぼみをつけ、次々と開花するので長く楽しめる。

スポンジと生クリームのシンプルなケーキも、花を飾ればぱっと華やかに。花にはラナンキュラス・ゴールドコイン（黄色の花）のように毒をもつものが多いので、食べるときには必ず花を全部はずすこと。

庭と畑の食卓

畑や庭で採りたての野菜やハーブを使った「Time」の料理。「どこで習ったわけでなく、料理が好きなだけ。私なりにこだわった、かっこよく言えば創作料理。食べ歩きしたとき、自分の口に合う味があると帰ってから復習してみるの。あくまでも『シェフもどき』だけどね」食べると元気になる！と評判です。

上／見た目も美しい「フラワーショートケーキ」。左／キウイとはちみつ、ミントが爽やかな「キウイソーダ」。

a／トマトやバジル、オレガノをのせた「手づくりパンのピザトースト」。b／たけのことわらびに、タイムやにんにくをきかせた「ハーブピラフ」。c／畑のじゃがいもの「ビシソワーズ」。d／ミニキャロットと野蒜を、にんにくのきいたマヨネーズソースでいただく「畑野菜のバーニャカウダ」。e／アツアツの揚げたてが美味しい「新じゃがの素揚げ、タイム風味」。f／畑のいちごをふんだんに使った「いちごアイス」。g／氷に庭の花を閉じ込めた涼しげなサラダボウルは、夏のおもてなしにぴったり。

たけのこづくし

右／たけのこ御飯にたけのこのにんにく醬油ステーキ、たけのこの中華風溶き卵スープのランチ。下／畑のアスパラガスと野菜をオイスターソースで炒めて。

菜の花パスタ

ほろ苦い菜の花とベーコン、にんにくのペペロンチーノ風パスタ。

よもぎ茶といちじくのチーズケーキ

畑に自生するよもぎのお茶は、素朴な野の香り。甘露煮未満に煮たいちじくを入れたチーズケーキとともに。

上／たらの芽とよもぎの天ぷら。下／わらびのおひたし。

トマトサラダと
ミネストローネ

豚肉のハーブソテーと
ハーブピラフ

チーズケーキと
いちごアイス

上／湯むきしたトマトを冷たく冷やして、ベビーリーフとサラダに。ミネストローネは畑野菜たっぷりのやさしい味。中／オレガノやタイム、ローズマリーで香りをつけた豚肉のソテーにチーズ入りマッシュポテト、畑野菜を添えて。下／濃厚な味わいのいちごを入れた手づくりアイスとベイクドチーズケーキのデザートプレート。

朝定食

上／家族用の朝食。5月は、たけのこの粕煮、山菜「みず」のおひたし、蕗の煮もの、たけのこと三つ葉のおみそ汁で。
右／一人前卵4個分のジャンボ卵焼きは利子さんの十八番。6月に旬を迎えるにらのおひたしや蕗の山椒煮を添えて。

Garden Café Time

利子さんのタイムスケジュール

利子さんの一日の始まりは、朝6時。
熱いコーヒーを淹れて、しばし一服。
家事をすませたら、庭へ向かいます。
庭仕事をしながら、ランチの準備。
お客さまを笑顔でお迎えして
調理とお運び、その合間のおしゃべりと
ひとりで何役もこなします。
お客さまをお見送りしたあとは、山の畑へ。
日暮れとともに畑仕事を終え
買い物、家事をすませ、ソファでひと眠り。
そして、明日の下ごしらえと、保存食づくり。
日が変わる頃、ようやく長い一日が終わります。

鳥海山の麓で生まれ大きくなった

「見るたびに、雄大だなぁと思う」鳥海山。四季折々に移ろう姿に、ときには車を停めて心ゆくまで見入ることも。

実家を離れ、育ての親と過ごした幼い頃

ガーデンカフェづくりのきっかけとなった、肉親3人の死。

「その喪失感や悲しみは、夫や子どもでは埋めきれなかった」

と話す利子さん。両親や妹に対する思いの深さや強さは、生い立ちとも深く関係しています。

利子さんは、弟の死産で母親が体調を崩したのをきっかけに、幼稚園2年間と小学校6年間の計8年間、隣町にある母方の実家に預けられました。子どものいなかった伯父夫婦は、育ての親として実の子同然にかわいがってくれました。

「小学校入学に合わせて実家に帰ることになったの。でもこの家に連れ

てこられたとき、私は伯母にしがみついて『帰りたくない』って泣いたのね。当時まだ茅葺き屋根の家で、その囲炉裏の炎の向こうで、父が育ての母に向かって『これだけ泣く子どこ（子ども）、ここさ置いておかいね（おかれない）。また頼む』って畳に頭をつけて頼んだの。父も母も、好きで私を預けていたわけじゃない。無理やり連れ戻すことだってできたはず。でも、父は私の気持ちを大切にして、辛い気持ちを押し殺して伯母に頼んでくれた。自分が親になったときに、その様子を思い出して、父の気持ちが痛いほどわかったの」

育ての親と暮らす日々が過ぎた、小学校5年の秋のこと。お正月やお盆など、事あるごとに実家に顔を見せてはいましたが、ひとりで帰ると二度と戻れない気がして、いつも幼馴染を連れてきていました。そのときも、秋のいちじくが実ったから取りにおいでと言われ、友人を連れて、当時はまだ蒸気機関車だった汽車とバスを乗り継いで実家の門に到着。

2年生になっていた妹が、畑にまく燻炭《くんたん》を焼いているけなげな姿が目に入ってきました。

「一心に燻炭を燃やしていた妹が、私の顔を見たとたん、パーッと笑顔になったの。ほんとうにうれしいって顔してね。その顔を見て、どんなにひとりでさびしい思いをしてるんだろうって、その顔が焼きついて離れなかったの。6年生になって、新しい担任の先生が来て、最初の挨拶のときに、『この世の中で一番大切なものは何ですか？』って聞いたのね。そして、黒板いっぱいに『人間愛』って書いたの。そんな先生だったから、私が帰るべきかずっと悩んで、先生との連絡帳に書いたら、赤いペンで大きく『本当の親のところに行くべきだ』と書いてあった。それも実家に帰る大きなきっかけになったよね」

離れ離れだった8年を経て、家族の元へ帰った利子さん。長い喪失の期間が、家族の絆をいっそう強めたのです。

オニヤンマと父の死、生きる気力を失くした夏

「タイムの家」の片隅にある、飴色の古びた革のトランク。これは、利子さんの父親が戦地から帰国したときに持ち帰った、形見の品です。26歳で出征し、中国、ロシアを経てシベリア抑留も経験。2人の弟の戦死を知ることもなく12年間を戦地で過ごし、38歳で帰国。利子さんは、40歳のときに授かった待望の子どもでした。

「青春のいいときをすべて戦争で犠牲にして、人生のスタートラインも人より遅れてるわけよね。よく、『上見ればきりない、下見てもきりない。自分とこ一番幸せと思えば、不平不満出てこないもんだ』って言ってたけど、そう自分に言い聞かせないと呑み込めないものがいっぱいあった

と思う。私の不屈の精神、簡単に諦めない気持ちは、父譲りだって気がするのね」

父親が脳梗塞で倒れてからは、毎日病院に通いました。

「戦争から生きて帰ってきてくれたからこそ、いまの私がいると思うと感謝しかない。当時の私は父が最優先で、娘たちにはさびしい思いをさせたかもしれない。でも、何も話せない父のベッドの横で『同じ空間で親子の時間を過ごすのが、あとどのくらいあるんだろう』と思うと、苦しくてしょうがなかった。父の最期に濃密な親子の時間を持てたのは、離れてた時間の埋め合わせだったのかなって思えるのね」

父親が最期を迎えるとき。会社の窓際に座って朝礼を聞いていると、目の前に大きなオニヤンマが留まり、しばらくしてスーッと去っていきました。「あ、父が挨拶に来た」と感じたという利子さん。翌9月4日の明け方、84年の生涯を静かに閉じました。

父の一周忌直後に倒れた母と妹の死

全身全霊で看病した父親の死に、打ちのめされた利子さん。長年勤めていた会社を辞め、自分に何ができるのか考えて浮かんだのが、昔から大好きだった「花」でした。ガーデニングの資格をとって教室を始め、老人介護施設に入っていた母親を家で看《み》ようとした矢先。父親の一周忌直後に妹は悪性リンパ腫、母親は脳梗塞で病の床に。再び、看護に明け暮れ、「私はゆっくりできない運《さだ》めなんだ」と痛感したと回想します。

「妹は、私よりすべてが優れてる人だった。私よりずっとしっかりしていて、頭がよくてきれいで、芯が強くて、決して前に出ることがなく控え目で。なぜ妹が病気になったのか。なぜこの世に病気などあるのか。

ほんとに病気を憎んだ。妹も私もどれだけ泣いただろう。でも、妹はほんとに忍耐強く、病気に立ち向かって、最期まで見事だった。当時、母は認知症も患っていて妹の病状を知らせていなかったのに、妹が危なくなって『妹さ、容易でない』と言ったら『死ぬとこだのか?』って。妹の魂が来て、心と心で会話してたのかな、親子だなと思ったの」

小4、中1、中3の3人の子どもを残し、44歳の若さで亡くなった妹。2018年、当時小4だった姪が結婚し、「伯母さん以上、母親未満」として面倒を見てきた利子さんもようやく肩の荷が下りました。

「父の十七回忌直後に、3番目の孫が生まれたの。『亡くなった妹と父母には、なんぼ頑張っても、もう会えない。でも、こうやって命がつながってるんだ。姿はなくなっても、父母や妹がここにいる』。孫を抱きながら、そんなことを改めて気づかせてもらった気がするんです」

憧れは「大草原の小さな家」の暮らし

「小さい頃から、赤毛のアンが大好き。その延長にあるような『大草原の小さな家』の放送が始まってからは、もう夢中になったの。本気で『この時代に生まれたかった！』って思ったね」

父親が亡くなり「草を食べても家にいたい」と思ったときに頭に描いたのは、『大草原の小さな家』のような〝楽しい貧困生活〟でした。

「何もないところに家を建てて、ゼロからものをつくり、開拓しながら暮らす。それを家族だけで当たり前のようにやっていることに、すごく感動したの。私も、誰かに『せぇ（やりなさい）』って言われたわけじゃないのに、自ら開墾を始めた。そうやって切り拓くのが好きだし、性分に合ってる。もしかしたら、前世はヨーロッパかアメリカの小さな村で開墾してたんじゃないかと思うくらい（笑）」

理想像は、物語の母親キャロライン。時代も国も違いますが、お金をかけずに、知恵と手間をいとわない暮らしを実践しています。畑の野菜やハーブは保存食に、バラやドクダミは化粧水に、畑で見つけたアケビのつるでカゴを編むことも。近所の養蜂家から分けてもらったみつろうを使ったキャンドルづくりも、冬の恒例行事になっています。

「昔の人は、電気もないし、ガスもない、水も川から汲んできて、すごく手のかかる生活をしてきた。でも、いまよりずっと心豊かだった気がする。いまは便利な生活になったけど、温かいものがだんだんそぎ落とされて、心が薄っぺらになっているような気がするのね」

自然とともに生き、手づくりにこだわってていねいに暮らす姿に、訪れる人はターシャ・テューダーを重ねて見るのかもしれません。

最初は妹のため、いまは自分のため

２００４年５月にオープンしたガーデンカフェ「Ｔｉｍｅ」。５～６年たった頃からガーデニングコンテストで受賞したり、口づてで少しずつお客さんも増えてきました。

「あるとき、お客さんに『花もきれいだし、食事も美味しいけれど、一番癒してくれるのは、あなたなんだよ。ひとりでやるのは大変だと思うけど、あなたはみんなを喜ばせて幸せにしてるんだよ』って手を握られて、びっくりしたの。でも、もしそうだとしたら、自分のやってきたことにも意味があるのかもしれない、と初めて思えたの」

訪れる人から「なんでこんなに癒されるんだろう」「ここでは、飾らなくていいんだね」と声をかけられることも多くなりました。

「ここに来る人は、ただ食事をしたり、花を見に来るんじゃなくて、感じたことを言葉にして帰っていく。そして、お客さん同士も自然と会話をしていく。それはきっと、花と庭の空間の力だと思う。幼い頃、父に『ごっつぉ（ご馳走）出すのが、ごっつぉじゃない。さぁ、よく来たって気持ちがごっつぉだ』と言われたけど、庭の中に妹や親がいて『よく来た』って迎え入れてるんじゃないかって思えるのね」

外からは見えない奥まった場所にあり、わざわざ訪ねてこないと辿り着かないからこそ、来てくれた人との縁を大切にしたいと話します。

「妹も両親もこの庭を見ないで亡くなったけど、きっと喜んでる、と信じたい。最初は妹のためってスタートしたことだけど、いまは庭と料理で自分を表現している。自分が自分らしく生きるためにやっている気がしているの」

上／いつも身に着けている利子さん愛用のガーデングッズ。下／1時間もたたずに、抜いた草でビニール袋がいっぱいに。下左／咲き終えた球根植物の葉は、汚く見えないようにひと結び。

花びらがしおれたり、落ちた花をそのままにしておくと、病気などの原因に。特に花弁が多いシャクヤクやバラは雨などで傷みやすいので、こまめに見て取り除くのも、毎日の大切な仕事。

ターシャ・テューダーを知らなかったのに

アメリカのバーモント州の田舎に18世紀風の農家を建てて移り住み、2008年に92歳で亡くなった絵本作家、ターシャ・テューダー。広大な庭で花を育て、手づくりを大切にし、19世紀アメリカの西部開拓時代のスローライフを貫いた姿は、日本でもＮＨＫのドキュメンタリーや数々の本などで紹介され、多くの人の憧れとなっています。

いまでこそ「秋田のターシャ」と呼ばれることに慣れた利子さんも、最初に「ターシャの庭に似てる」と言われたときには、ターシャが何者かを知りませんでした。

「お客さんから言われても、どこで何をしている人かもわからなかった。秋田のターシャと呼ばれるようになっても、自分から名乗ったこともないの。そうこうしているうちにテレビでその庭を初めて見て、『似てる』って驚いたの。庭にアップダウンがあって、自然石を積んで構造物をつくり、自然に見えるようにつくり込んでる。同じ花もあるしね」

なかでも、一番似ていると思ったのは、考え方です。

「自分のやりたいことは曲げずに、信念を持ってやるところ。彼女も相当わがままだと思うけど、私も同じように相当わがまま。すごく頑固だし、ダメなものは絶対ダメだしね。それと、石と格闘したゴツゴツした、グローブみたいな手。恥ずかしいけれど、お客さんからは『この手だから、信用できる』と言われてる。最初にターシャ・テューダーを見たとき、彼女は90歳だったの。私は妹を亡くしたばかりで、あの年でこんなことをしてる、と本当に勇気づけられた。それからは、絶対90まで生きるというのが目標になったの」

◉年間庭仕事スケジュール

草むしりと花がら摘みは
花のある時期はいつも

4月

・一年草の種まき
・一年草の植えつけ
・寄せ植えづくり
【山の畑】
・じゃがいもを植える

5月

・一年草の植え替え
・球根の掘り上げと保管
・低木シュラブ・ローズの剪定
・バラの消毒（竹酢液）
・ハンギングバスケットづくり
【山の畑】
・夏野菜の植えつけ

6月

・秋に咲く宿根草の剪定
・寄せ植えづくり
【山の畑】
・いちごの収穫
・じゃがいもの収穫

7月

・ラベンダーの収穫と
ドライフラワーづくり
・ドクダミローションづくり
【山の畑】
・夏野菜の収穫

8月

・庭全体の水やり
【山の畑】
・たまねぎの植えつけ
・夏野菜の収穫

9月

・夏の宿根草の剪定
・ハーブの収穫と
ドライフラワーづくり
・寄せ植えづくり
・春咲き球根の注文
【山の畑】
・秋野菜の植えつけ

10月

・宿根草の株分け
・冬の一年草の寄せ植えづくり
・石の造形物づくり
【山の庭】
・ラベンダーの剪定
・たまねぎ、にんにくの植えつけ
・柿の収穫と渋抜き
・いちじくの収穫と加工

11月

・球根の植えつけ
・宿根草の刈り取り
・ゴールデンアカシアの剪定
【山の庭】
・いちじくの堆肥
・草花と木の剪定

12月

・植物の冬囲い
・寄せ植えのコンテナ移動
・クリスマスリースづくり
・ゴールデンアカシアに
クリスマスオーナメントを飾る
【山の庭】
・いちじくの幹の冬囲い

1・2月

・納屋に入れたコンテナの水やり
・手仕事を楽しむ

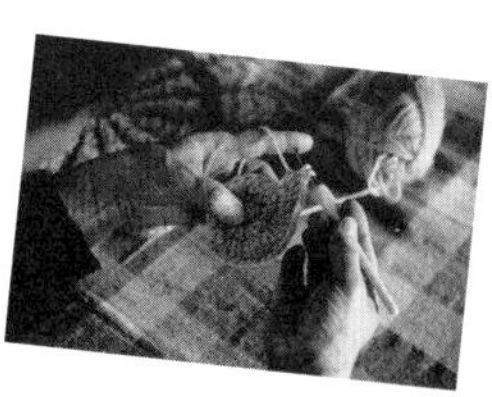

3月

・バラの剪定
・春の寄せ植えづくり
・冬囲いを取る
・納屋のコンテナを外に移動

「ターシャの庭」がつなぐ縁

レースや端切れでコラージュされた「訪問ノート」。利子さんの思いを綴ったり、雑誌や新聞の切り抜きなども貼った、思い出の集積。

訪れた人の言葉がつまったノートが宝もの

「タイムの家」のテーブルの上には、10冊の大学ノートが置いてありま
す。訪れる人には、必ず笑顔で「いらっしゃい」と声をかけ、他愛のな
いおしゃべりを交わし、「よかったら書いていってください」と差し出
す。さまざまな字や言葉で埋め尽くされ、多くの人の手に触れて厚みが
増し、色あせた訪問ノートは「Ｔｉｍｅ」の歴史そのものです。

「疲れたなぁ、動きたくないなというときは、このノートを見て、お客
さんの顔を思い出すの。それぞれ表現方法は違うけれど、お料理や庭の
感想、そして感謝の言葉を書いていってくれる。読み返しながら、あり
がとうって感謝の気持ちでいっぱいになる。私の宝ものです」

「癒される」と言ってくれる人に力をもらって

「ここに来るお客さんは、庭にいると自然に自分の経験したことや人生を話してくれる。最初から話そうって来てるわけじゃないのに、なぜかふわっと心が軽くなって、吐き出していく感じ。『ここじゃ、嘘をつけないね』って言った人もいる。そういう人の話を聞いていると、人の数だけ人生があってドラマがあって、それぞれが輝ける場所があるんだなって思える。そして、こういう村でこんなことをしている自分がいてもいいんだ、と妙に納得できるの」

「ひとりで思い悩んだときは、この庭に身を置くだけでいい」と通ってくる人や、「自分は鬱病だったけれど、心が軽くなりました」と心の内を話していった人、患者さんの死に毎日直面して萎えていた心を癒されて笑顔で帰っていった看護師さん。

あるときは、庭を見ながら、はらはらと涙を流し「天国ってお花畑だっていうけれど、もしかしてこういうところかもしれない。数か月前に亡くなった母を連れてきたかった」と語った男性。さまざまな人が来ては「Ｔｉｍｅ」で思い思いの時間をゆったりと過ごし、人生を語り、花に癒されて帰っていきます。

「見知らぬお客さん同士が話しているのを見るのもうれしいし、『来てよかった』という言葉を直接聞けることが、自分への何よりのご褒美。このガーデンと花たちが、一生会うこともなかった人たちと自分を結びつけてくれている。庭仕事は肉体労働で大変だけど、花とお客さんからそれを上回る喜びをもらっているから頑張れる。花とお客さんから、毎日を生きるエネルギーと勇気、そして喜びをもらっているんです」

花の声を聴いてつくる庭

約1000坪の敷地に、坂道と噴石を利用したロックガーデン、テラス前のサークルガーデン、10段ほど下がった見晴らしのいい場所にはボーダーガーデン、「タイムの家」入り口前にシンメトリーガーデンを配し、鳥海石を敷き詰めた小道でつなげた「Ｔｉｍｅ」の庭。

一年草を次々と植え替えるのではなく、メインは植えっぱなしで毎年花を咲かせる宿根草です。

「順繰り順繰り、常に何かが咲くようにレイアウトしているの。苗を植えるときは、『ここだよ』って苗が教えてくれるし、こぼれ種で増えるものは、好きなところで咲けるように『お任せ』して」

草木などのグリーン類も、庭を構成するうえで欠かせないアイテムです。たとえば、シンボルツリーにもなっているスモークツリーやゴールデンアカシア。美しい葉や花穂で庭を彩るだけでなく、背の低い宿根草などが茂る中にすっくと立ち、庭を立体的に見せてくれます。

ウツギ類やレンギョウ、ユキヤナギなど花が美しい木々は、圧倒的なボリュームで庭の厚みを増してくれます。ジューンベリーやクラブアップルなど、かわいらしい果実で目を楽しませてくれる果樹も庭の魅力に。

さらに見逃せないのが、いろいろな葉っぱです。大きい葉に小さい葉、細長い葉や丸みを帯びた葉、つやつやの葉や産毛が生えたような葉。さらには緑色や黄緑色、紫色やシルバーに柄入りなど。さまざまな形や色で、地面を覆い、花のない時期も庭をにぎやかにしてくれます。

そして周囲に茂る大きな木々は、外の世界の気配を消し、秘密の花園のような空間をつくってくれるのです。

堆肥は年に1回、雪の降る前に、近くの牧場の牛ふん堆肥を宿根草を刈ったあとのすき間に置いて。寒さから根を守ってくれるだけでなく、雪に覆われてじんわり栄養分が効いていきます。普段は、コーヒーや紅茶の出しがら、細かくした野菜くずや卵の殻を乾燥させてまくだけ。害虫も手で取ったり、トカゲや鳥などの天敵の助けを借りるなど、「孫が裸足で歩いてもいいように」無農薬、無化学肥料を心がけています。

庭仕事は、お客さまが来るまでの時間に集中してやるほかは、歩きながら、カフェの仕事をしながらの「ながら作業」で。「庭仕事の8割は草取り」と、草をむしりながら、植物の様子もこまめに観察しています。「初めの頃は、雑草一本ないように頑張ったけど、ひとりでやってるし、それは絶対不可能。いまは雑草や花ががらがあっても、遠くから見て全体がきれいに見えればいいなって。自分のできる範囲で、あるがまま、急がない、あわてない。頑張らないで頑張るのが、私のスタイルだから」

「わざわざここを探して来てくれたお客さんには、感謝しかない」と、どんなに忙しくても、お客さまと会話を交わす利子さん。飾り気のない笑顔で、「ようこそ、Timeへ！」から始まり、庭や植物、人生の話…いつしか、訪れた人同士も会話を始めて。かけがえのないひととき、同じ時間と空間を共有する。

◉利子さんの花語録

自然のなかで花と、そして人生と向き合っている利子さん。そんな日々からこぼれ落ちた心のつぶやきを拾い集めました。

1.

人の命も花も永遠ではない。
人生には必ず終わりがあるし
それがすぐか先のことか誰にもわからない。
だったらやらないで後悔するより
やって後悔したほうがいい。
何より、いまという時間が大切

2.

花が咲いて
庭がきれいになるまで
目に見えない仕事が
いっぱいあるわけよね。
でもそれも全部必要な仕事。
雑用って仕事はひとつもない

3.

何かをやろうと思ったときに
大切なのは〝思い〟だけだと思う。
思いが深いか浅いかで
自ずと行動は変わってくるし
思いが深ければ必ず道が見えてくる

4.

踏まれても抜かれても
何しても雑草は出てくる。
その姿から、やわではダメだよ
強く生きなさいってことを教わるの

5.

何かをしたいと思ったら
そのぶん努力しなきゃならない。
ほかの人から笑われても何しても
自分に合った生き方
やり方で頑張るしかない。
でも、その『頑張る』には
『本当に真剣に』がつくわけだよね

6.

人生って、晴れたときもあるし
曇りもあるし、常ならず。
人の数ほど人生があってドラマがある。
でも、どんな人生でも
ただ生きてるだけで価値がある

7.

初めてターシャを
テレビで見たとき
彼女は90歳だった。
それから、90まで庭仕事をしながら
生きるのが私の目標になったの。
それも、自分のことが自分でできる90歳。
あと30年あるとすれば、1年1つのことを
クリアするだけでも30のことができる。
まだまだいろんなことができるんだよね

多くの人が心を癒し、心の内を語っていく「Time」。花に囲まれて心づくしの料理を食べ、一杯のコーヒーを飲み、何も考えず、何もせず、ゆったりといつもと違う時間の流れに身をゆだねて。あわただしい毎日のなかの、ひとときのぜいたく。春、夏、秋、冬。それぞれの季節に輝きがあり、それぞれが愛おしい。

秋から冬

空が高くなり、空気が澄み渡る秋。鳥海山が雪化粧をする頃、「Time」も冬支度が始まります。宿根草を刈り取り、堆肥をまき、短くなる太陽と追いかけっこ。やがて、静かで安らぎの冬が訪れます。

November

11月

草木を
刈り込み
冬に備える

周囲の山々も庭の木々も、赤や黄色に色づいて、しっとりと落ち着いた表情を見せる季節。一面の雪に覆われる厳しい冬が来る前に、花々も精いっぱいの命を輝かせます。

高く澄み渡る秋空に茶系の
グラデーションが映える。

背を越すほど大きく育ったイトススキが、秋の風にやさしく穂を揺らす。

「タイムの家」は、利子さんがデザインし、地元の大工さんにオーダーしたオリジナル。

右／猫の表情がユーモラスなハンギングフック。中／シックなチョコレートコスモスは香りもチョコレート。左／ビロードに似た手触りのアメジストセージ。

上／色とりどりのアスターを使ったウェルカムリース。左／「薪ストーブの炎を見てると、心までもがあったかくなごんでくる。火の力ってすごいよね」

右／9月の終わり頃から11月初めまでがいちじくの収穫シーズン。左／山の畑の手づくりピザ窯で焼いたいちじくピザは、香ばしさも抜群。

11月の いちじく三昧

集落を歩くと、あちこちで目にするいちじく畑。もともと家々の庭に普通に植えられていたのが、いまでは名産品になっています。利子さんも山の畑で、「ホワイト・ゼノア」と「ドーフィン」の2品種を栽培。10月、11月の収穫期にはいちじくのコースをふるまい、「Ｔｉｍｅ」の秋の風物詩になっています。

収穫したいちじくは、皮つきのまま甘露煮未満、コンポート以上にして冷凍保存。

いちじくとざくろのサラダ、いちじくとピーマンのスープ、肉の代わりにいちじくを使ったシチュー、アイスクリームからチーズケーキまで、いちじくづくし！

花 案内

キンと冴えた空気に身を浸し
澄んだ色で咲く花々。
どこか着物の模様のように
和の美しさを感じさせる
秋のガーデンです。

シュウメイギク

漢字で書くと「秋明菊」。キクの名前がついているが、アネモネの仲間の宿根草。花びらに見えるものは色づいた萼《がく》で、ふっくらとした丸みがある。「Time」では、写真の白や淡いピンクを栽培。

宿根アスター

野菊のようにかわいらしい花をまとめて咲かせる宿根草。アスターはギリシャ語で「星」の意味。花つきがとてもよく、群生になった様子は色が少なくなった秋のガーデンをパッと華やかにしてくれる。

ジニア

「百日草」の名前でも親しまれている一年草で、名前のようにとても丈夫で、春から晩秋まで次々と花を咲かせる。一重咲き、八重咲き、ダリア咲き、ポンポン咲きなどがあり、花色もとても豊富。

ザクロ

母屋前に昔から植えてあった木で、品種は不明だが毎年大きな実をたわわにつける。果実は甘味が強く、利子さんはルビーのように透き通った赤い粒を取り出して、サラダのトッピングなどに利用。

ホトトギス

楚々とした和の雰囲気を持つ花で、秋のガーデンによく似合う。半日陰でもよく花を咲かせ、ほとんど手がかからない。独特の斑点模様があり、花色などの種類も多い。

ミント

清涼感のある香りで人気のハーブで、代表的なスペアミント、ペパーミントのほか、オーデコロンミントなど多くの種類がある。花は通常夏に咲くが、「Time」ではこの時期に開花。

マユミ

日本に自生する植物で、病害虫の心配もほとんどなく、とても丈夫。利子さんのお気に入りは、秋につく「イヤリングみたい」な実。赤い小さな実が熟すと、中からオレンジ色の丸い種が下がるように現れ、かわいらしい。

普通のススキより葉が細く、幅5㎜ほどの糸のように細い葉が茂る。秋になると、ススキ特有の穂のような白い花が咲き、風になびく様子がとてもきれいで、ガーデンに野の風情を運ぶ。

イトススキ

January

1月

薪ストーブの前で、手仕事に精を出す

ときに吹雪、ときにしんしんと降り積もる雪。忙しい庭仕事も、この季節はひと休み。薪ストーブの前で春の庭の計画を練り、普段できない手仕事を心ゆくまで楽しみます。

タイムの家

すっかり雪に覆われた真冬の庭。真っ白な世界に色を添えるのは、赤く実ったローズヒップや、刈り込んだままドライになったラベンダー。雪の間から緑の葉をのぞかせる、気の早いスイセン。身も凍る寒さの戸外から、急いでコテージへ。雪が音を呑み込んでしまったような静けさのなか、聞こえるのはパチパチと燃える薪と、シュンシュンと鳴るやかんの湯気の音。薪ストーブで沸かしたお湯で香り高いコーヒーを淹れて、さぁ、今日は何をしましょうか。

冬の手仕事

「一年のうちで心おきなく手仕事を楽しめるのは、雪があるいまだけ。それも、家にあるものを利用してね」と利子さん。古いセーターを解いた毛糸でクッションを編んだり、母親の古い着物でエプロンを縫ったり。春になってほしいような、まだなってほしくないような気持ちで、貴重なひとときを楽しみます。

毛糸の組み合わせでまったく違う表情になるクッション。お好みは、どれ？

みつろうキャンドルが燃えると、ほのかにはちみつの香りが漂う。

クッションを置くだけでパッと明るく。

雪解けを待つ間に……

冷たい空気のなかで行うのが、みつろうを使ったキャンドルづくり。材料は、地元の養蜂家から譲ってもらう日本みつばちのみつろう。揺らめく炎を見ていると、気持ちまでリラックスしてきます。

キャラメルのような色と、一本一本表情が違う温もりある形は、手づくりならでは。

【みつろうキャンドルのつくり方】

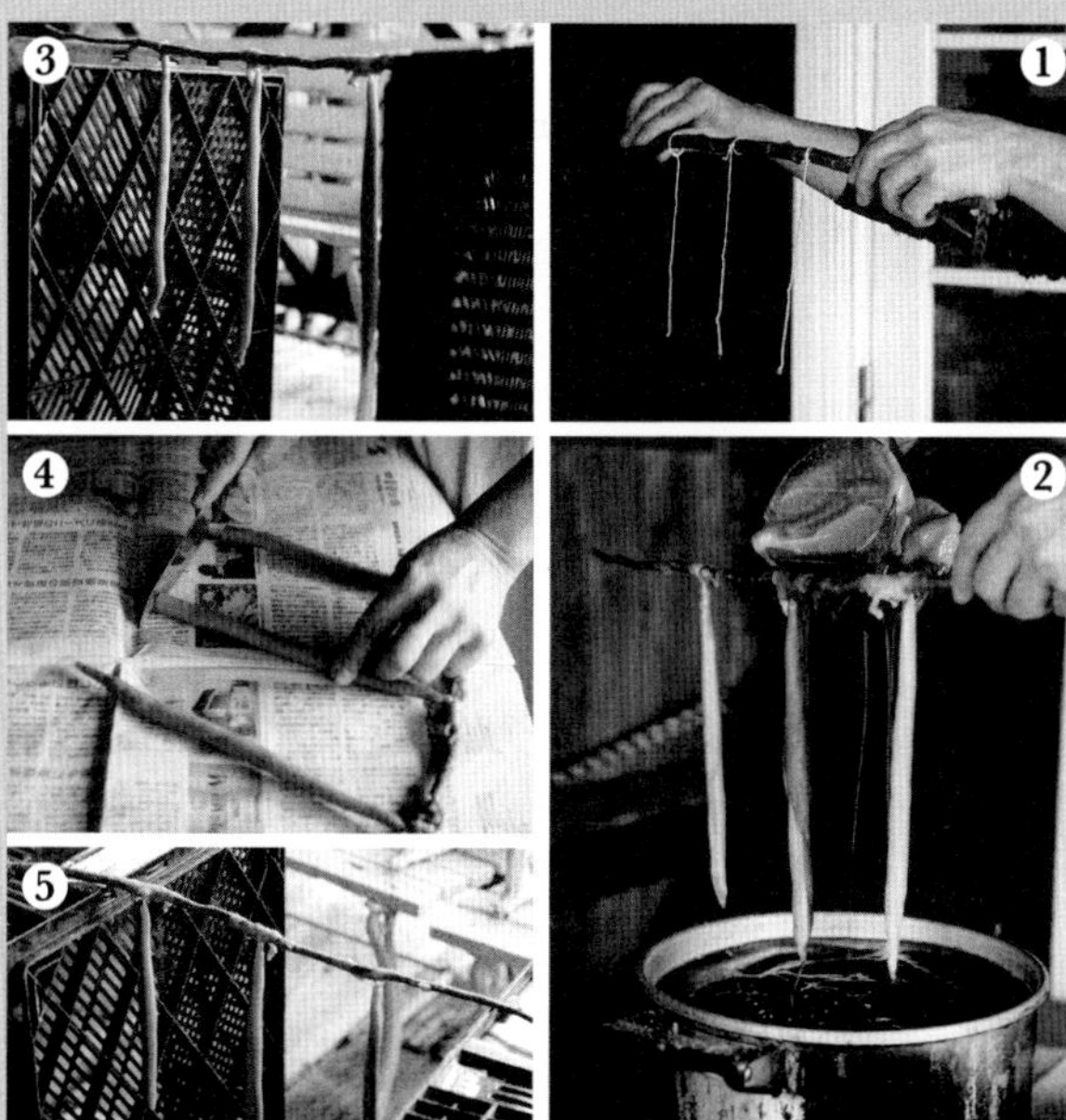

1長さ30cm程度のたこ糸を枝に結ぶ。2鍋にみつろうを入れ火にかけて溶かし、耐熱容器などでたこ糸にみつろうをかける。3好みの太さになったら吊るして粗熱をとる。4底をカットする。5冷やし固めて完成。

村おこし「千年の村大竹」

大竹の旧家にある、樹齢100年を超えるしだれ桜。遅い秋田の春、風が吹くと薄桃色の花びらが一面に舞い、桃源郷さながらの風景になる。

鳥海山大噴火によって生まれた奇景

ガーデンカフェ「Ｔｉｍｅ」があるのは、鳥海山の麓、日本海に面し、山形県との県境に位置する秋田県にかほ市。

紀元前４６６年の大噴火で、鳥海山の山体が崩壊。山頂から滑り落ちた巨大岩塊は日本海にまで達しました。その噴石がつくりだしたのが、１００余りの島々が田園に浮かんでいるように見える九十九島《くじゅうくしま》です。かつては東北の名所、松島のように、水面に島々が浮かぶ風光明媚な名所として、松尾芭蕉が訪れた北限の地となり、与謝蕪村や小林一茶、正岡子規らも歌に詠んだほど。１８０４年、象潟大地震による隆起で現在の姿に。その奇景は、国指定天然記念物になっています。

自分で調べた「大竹千年の歴史」

田んぼといちじく畑、里山に囲まれ、寄り添うように建つ家の間を縫って細い路地が続く大竹集落。長い冬を越すと、福寿草から始まり、樹齢100年を超すしだれ桜、梅などが一斉に咲き「まるで桃源郷のような美しさ。村に生まれてよかったと心から思う」と利子さん。高台からは日本海が見渡せ、かすかに硫黄の香りがする小川や鬱蒼とした林、ひっそりとたたずむ道祖神などがある景色は、日本の原風景そのもの。ゆっくりと散策していると、タイムスリップしたような気分になります。「子どもの頃は、大竹に住んでいることを『山だ、在だ、ぜんご（ど田舎）だ』って、級友にからかわれたこともあった。私は赤毛のアンの想像力で、『大竹は、金浦《このうら》（市町村合併以前の町名）のアルプスだ』って返してたの（笑）。でも、ガーデンカフェを始めた頃に、『大竹は落ち武者の村なんでしょう』と言われて、腹立たしくて。住んでて、村の歴史を知らないのも恥ずかしいと思い、自分で調べ始めたの」

そこでわかったのが、大竹の祖は、いまから約千年前の平安時代に加賀の国（石川県）から来た源氏の落ち武者の三兄弟だったということ。歴史ある白山《はくさん》神社近くに唐竹を伐採して家を建てたのが、大竹の名前の由来になっているとか。利子さんが「千年の村大竹」と名づけ、いまは大竹を紹介するときの名称として使われるようになっています。

現在、大竹に住む人は400人余り。毎年6月第一週の日曜日は村をあげてのお祭りです。古式ゆかしき白装束にわらじを履いた若者がみこしを担ぎ、家主たちが裃《かみしも》姿で行列。前日には村人総出で「宵宮《よいみや》」と呼ばれる前夜祭も行われ、千年の歴史をいまに伝えています。

そして、道端に花が増えた

「『Ｔ・ｉｍｅ』に来るには、大竹の集会施設『大竹会館（ふくじゅ館）』の駐車場に車を停めて、手づくりの看板を見ながら歩き、村の人を見つけたら話しかけるのが正式なルートって案内してるんです。大竹の人はフレンドリーで、１しゃべれば10返ってくるから、ぜひ話しかけてみてって」と利子さん。

ガーデンカフェを始めた頃は、『どっこさ行くんだ？』と、好奇心で見ていた大竹の人たち。いまでは、外から来た人と緊張感を持って会話するのが「おもしえなやな（おもしろい）」と、迷っている人がいると誰かれとなく連れてきてくれるまでになりました。お客さんからも「大竹の人は親切ですね」と言われることが多くなったと、利子さんはうれしそうに話します。

大竹をもっと知ってもらいたいと、利子さんは大竹の歴史を訪ねて散策し、手づくりの郷土料理でもてなして、「昔語り」を聞くツアーなども行っています。

「海外研修でドイツに行ったとき、自然と庭が一体化していて、『きれい』っていう言葉じゃ足りないくらいだったのね。同じ村なのに、日本とどうしてこんなに違うんだろう、大竹もそうなったらいいのに」

黙々とひとりで花を植え、いまではその花を求めて、年間５０００人を超す人が訪れるようになりました。

「Ｔｉｍｅ」がオープンして15年。いまでは家々に花が育つ「花の里」としても知られるようになりました。利子さんがまいた小さな小さな種は、少しずつその美しい花を咲かせているのです。

海と山と自然に
恵まれたにかほ市。
ガーデンカフェ「Time」を
訪れたらこんな場所にも
ぜひ立ち寄ってみたい。

秋田にかほ市ガイド

Guide of Akita Nikaho City

万年雪を抱く鳥海山の山頂。
海岸線から直線距離にして
16㎞と近いのも特徴。

鳥海山

◎標高2236mの百名山

秋田・山形両県の県境に位置する百名山。日本海の海岸からすぐに稜線が立ち上がる姿は、「出羽富士」と称されます。山麓一帯はニッコウキスゲなど高山植物の宝庫。象潟口は最も代表的な登り口で、鳥海ブルーラインを通って5合目まで車で行くことができます。

access

◎象潟口ルート
鳥海ブルーライナーバス
(象潟～鉾立《ほこだて》) 約35分
(期間限定・要予約)
象潟合同タクシー

◎国指定の天然記念物

象潟　九十九島

象潟周辺を車で走っていると、田んぼの中に、松の木が植わった小高い丘が、いくつもいくつも目に入ってきます。ここは昔、潟に浮かんだ島々だったところ。かつて、かの地を訪れた松尾芭蕉が、その美しさを中国古代四大美女の西施《せいし》にたとえて、「象潟や雨に西施が　ねぶの花」と詠ったほどの景勝地でした。その後の大地震で隆起して、現在の姿に。芭蕉が舟で巡った島々を、現在は歩いて回れます。

access

JR象潟駅から徒歩約15分。

→があるのが、もとは島だった場所。春、田んぼに水を張った時期は、往時の風情に。

◎花と水の公園

栗山池公園

象潟駅、象潟インターチェンジから鳥海ブルーラインに向かう途中にある自然公園。池と緑の山々の向こうに鳥海山が見える、利子さんおすすめの絶景スポットです。見晴らしのよい池の周囲には、4月下旬から10月まで、桜、ツツジ、アジサイ、コスモスなど、季節の花が次々と咲き、市民の憩いの場となっています。1周（1・2㎞）20分程度の遊歩道は、絶好の散歩コース。池の周囲には約700本もの桜が植えられ、鳥海ブルーライン開通と同じ時期に咲くため、鳥海山の雪と同時にお花見を楽しむこともできます。

青い水面と緑の山々、山すそまで美しく見える鳥海山のコントラストは絶妙。

access

JR象潟駅から車で約20分。

奈曽の白滝と正対する位置にある金峰《きんぽう》神社は鳥海山に訪れる修験の拠点であり、平安時代のものとされる文化財も数多く収蔵している。

◎落差26mの名瀑

奈曽の白滝

鳥海山の雪解け水を集めて豪快に落ちる名瀑。古くは鳥海山に訪れる修験者の荒行の場としても知られており、落差は26m、幅11m。まっすぐに水が流れ落ちるさまは迫力満点で、国の名勝にも指定されています。

access

象潟駅から車で約15分。

◎鳥海山の恵み

元滝伏流水

鳥海山に染み込んだ水が約80年の歳月をかけ、岩肌一帯からまるで滝のように湧出。その湧水量は、なんと一日約5万トンに及び、高さ5m、幅30mにわたって一年中枯れることなくほとばしります。

深い森を通って辿り着く湧水は、周囲を霧と緑のコケに覆われ神秘的な雰囲気。

access

JR象潟駅から車で約15分+徒歩約10分。

◎木版画家の出身地

池田修三の作品

JR象潟駅周辺でよく見かける、レトロでメルヘンチックな子どもや女性のイラスト。これは、象潟出身で2004年に82歳で永眠した木版画家、池田修三の手によるものです。秋田の高校で美術教師を務めた後、1955年上京。以来、子どもの情景を中心に多くの作品を生み、地元では銀行のポスターや広報誌の表紙に使われたり、結婚祝いや新築祝いで絵をプレゼントしあうなど、象潟の人々の暮らしに根づいてきました。2012年に雑誌で取り上げられて再評価。各地で展覧会が開かれるなどブームの兆しを見せています。

象潟駅のホームにある大きなパネル（右）や、駅前ロータリーの時計（上）、駅のトイレの男女表示（左）まで池田修三！作品は「にかほ市象潟郷土資料館」で見られる。

おわりに

「Time」が始まったのは、肉親の死、特に妹との約束からでした。三人の子どもを残して逝かなければならなかった妹のことを考えると、「絶対に無駄には生きられない」。ガーデンカフェをつくる原動力になりました。

私が庭を通して伝えたいのは「命も花も永遠ではない。だから今なんだよ」ということ。生きたくても生きられなかった妹を思うと、私に残された命と時間を精いっぱい生きることが、彼女に報いると思えたのです。

妹に背中を押され、庭づくりに没頭した日々が、今は懐かしく思い出されます。必死でした。ここまでたくさんの方々のお世話やお力を借りてやってきました。近所の方々にも、日頃お世話になっています。

私と「Ｔｉｍｅ」のことを本にしたいと言われたときは、本当に驚きました。一年がかりでの撮影が続き、毎月のようにお会いしていた出版社の方々とはすっかりお友達のように親しくさせていただきました。楽しい日々でした。

人はひとりでは生きられないと実感します。夫や子どもたちには感謝しかありません。この本を、二人でガーデンカフェをやりたいと言っていた妹と、私たちを産んでくれた両親に捧げます。そして、この本を読んでくださる人たちに、何かひとつでも心に響くものがあればうれしいです。

さだまさしの『風に立つライオン』の一節のように
「よどみない生命を生きたい」

あくまでも私なりに。あるがままに。

佐々木利子

装丁　川添 藍
写真　鈴木静華
文筆　阿部民子
校閲　K.I.A
編集　吉川亜香子

佐々木利子（ささきとしこ）
秋田県にかほ市にあるガーデンカフェ「Time」のオーナー。ガーデンコーディネーターとして、リースやハンギングバスケットづくりの教室も開催している。自身の庭が有名になるにつれ、地元・大竹の歴史を調べ、庭を訪れる人に散策マップを手渡すようになるなど、地域の活性化にも力を注いでいる。

ガーデンカフェ Time
問い合わせ先
☎0184-38-3537（10:00〜16:30）

「秋田のターシャ」と呼ばれて

著　者　佐々木利子

編集人　栃丸秀俊
発行人　倉次辰男
発行所　株式会社主婦と生活社
〒104-8357　東京都中央区京橋3-5-7
編集代表　tel 03-3563-5194
販売代表　tel 03-3563-5121
生産代表　tel 03-3563-5125
https://www.shufu.co.jp
製版所　東京カラーフォト・プロセス株式会社
印刷所　大日本印刷株式会社
製本所　小泉製本株式会社

ISBN978-4-391-15196-1